Le sillage des pâleurs sonores

Poèmes typographiques

Julien Quittelier

Du même auteur

Vespéral de l'être

Sonnets du levant lacrymal

La transparence des bleuités

La philosophie de l'anamnèse

Brise-Poésie

Les cimetières hallucinés

Édition : Books on Demand,
12/14 rond-Point des Champs-Elysées, 75008 Paris
Impression : BoD - Books on Demand, Norderstedt, Allemagne
ISBN : 9782322260331
Dépôt légal : novembre 2020

Triptyque du Septentrion

I.

Triste, comme **un peu**   seul,

Dans la ville attristée.

(Hélas) :

Si ce n'est loin

Ces silences obscurs font mon rêve à revers, j'y lègue

Des Sonates

Si bien…

Qu'encor nommé je vois tel si, mêlée-*A*-graphie :

Et… Soudain !

Le lent surnom des temps par gant rose,

aux   dévers :

Huit

Chapelets

D'agates.

Venez !

Pleurer :   cailloux de…

      Mes suspicions…

                  Tempêtes : vrombissez !

   Purs ciels : glanez

Automne !

              Fourmis : cavalez ! Loin des

              Lamentations…

      Fais-je, au revers de moi — (…*Septentrion*…) :

              Chantonne…

      N'y meurt qu'un soir

Vanné de filer aux plus sages

   Car,

Parfois,

      L'aube irise un toit gris en larmier et

 Qu'il n'est ;

        Et qu'il n'est, au puits sacré des âges,

  Que l'erreur et

 Le ciel pour s'abolir :

            — Nommer ;

De l'asphalte, et des yeux ; quels forçats ?

Et quel mieux ? — Ce jazz qu'ore

Un cantique

Comme humain né des flots s'il   *s'agit*

De griefs —.   Quelque

Icône…   Des lieux,

Qu'analyse un prologue à

Floraison, veilleuse,

En la Descente aulique,

Vêt,

Pâle acuité,

Le frimas et ses nefs

Du Concept

…. De mes Yeux.

II.

Dès lors, de tempêter plus

Profond qu'un　　　Mystique,

Il se peut que…

　　　　　　　　　　　　Là-bas

　　　Des ouvriers　　　　chrétiens par son neutre et

Blanchi creusent　　　　　La

Parabole,

　　　Le　　　　　　　torrent　　　　　　　de

Pupille

　　　Et le poing dogmatique, *en leur support très las*,

Viennent s'éclore astraux que l'être soit roidi

Conforme à l'…

　　　　　　　　　　　　Hyperbole.

Des géants　　　　　naufragés — comme

　　Si rien ne fut,

　　　　　　　Braquent au Nirvana d'aeternam enjambée,

　　Si pour mourir l'écume,　　à ce désordre bu,

　　Doit mesurer le vent

C'est que Styx est trophée.

Moi mes yeux sont ici, je recherche

Astronome

La clandestinité de mes pleurs, comme on fait

Devant la lune

Un grave et volage Adénome…

Stellaire

À cœur ouvert : le pleur sertit

Parfait.

Le roi,

Parmi

Le Christ,

Le Christ parmi le roi, le puits

De l'alliance

Se cimente comme une avenue ancestrale *où l'or…* De

Nous meurtrir,

Couronne la légende

Où

Plus que d'être soi le veilleur tord sa lance

Pour la paix

De l'Image

À l'ode *autant sacrale*

Et

Suprême

Au souffrir.

III.

(Triste,

       Comme… Un peu seul), mais tels mots en

       Folie

       Adoucissent

           Ce mal,

Quand

       Crier ma révolte est un pas de côté, je mise sur

       L'aurore,

Quand la nuit

Fossoyeuse

A des dents de scorie,   il reste de moral

Ce concept de la rose

       Et de l'astralité puisque untel

S'en honore ;

Et je me sens glisser, pareil au flux, pauvret,

       Les mythes sont des mots, je sens ces mots se clore

À tel point qu'il est rare, au plus rare sommet,

De nommer le soleil

Puis le vain météore.

Je suis ce mot taiseux dans la tête des anges,

La structure m'éloigne, une trame

Se meurt,

La Logique m'ennuie, aux carrés les losanges,

Le concept de mes pleurs

Triangule   mon cœur.

— Rien,   ne rien

Ressentir,

Des zéros bohémiens cisèlent mes

Pensées,

Oublier-oublier pour détenir à l'autre un grain

De loyauté,

Oublier,

S'y meurt l'**être**   aux hasards incertains

  Que

     Succubes… Soient fées ;

        Oublier…

De s'aimer !

        De se haïr ! :

L'apôtre en ferait

      Ma

        Beauté.

Noël claustral

Je

N'ai plus de famille. Au gré des solitudes c'est

Comme si j'étais l'enfant d'un hôpital
Où de grands peupliers de pleurs et d'amplitudes
Berçaient
Ma vision de spectacle
Claustral,

Noël

Grisonne au toit de
L'avenue antique, noël, si ce n'est loin, Me nomme

Seul ; mais roi
De l'univers ivoire où

L

’Encre, au seuil, panique

De n’avoir rien

À dire aux neiges sans leur loi ; ce

Jour, que vais-je faire…   Aux livres dans la

Chambre

Je choisirai   celui

De bleus… Et verts auvents,

Je ne haïrai rien, je n’aimerai que l’ambre imaginaire ou

Mort

En deux ou trois instants,

Je

Prierai, peut-être ange,

Et j’apprendrai les astres,

Je m’imaginerai… Seul…

Car… Seul je serai,

Je m’entendrai, tout haut, sertir   *Rose en*

Désastres

Et puis…   M'endormirai pareil au

          Rêverai ;
Je me réveillerai

Fier   de savourer

          L'**ode**, j'écouterai

Des Christ

                    Renier leur… Totem, et je
Pleurerai pauvre ou

          Nommable,   et ma *Laude* sera :

          D'espaces blancs et

          D'une ellipse,   idem ; après,

Les pleurs lieront

Ce que ma chair naissante réclamera

De songe,

Et cet exact

Frisson

Me mènera d'Ophir à l'Enfer… Pour

L'andante

Comme… Joyeux de rien

Et

Seigneur

Sans   raison.